DE

LA NATURALISATION

ACQUISE PAR UN FRANÇAIS

EN

PAYS ÉTRANGER

PAR

JULES HERBAUX

DOCTEUR EN DROIT
SUBSTITUT DU PROCUREUR DE LA RÉPUBLIQUE
A VALENCIENNES

(EXTRAIT DE LA *Revue pratique de Droit français.*)

PARIS

A. MARESCQ AINÉ, LIBRAIRE-ÉDITEUR

20, RUE SOUFFLOT, 20

Au coin de la rue Victor Cousin

1880

DE LA

NATURALISATION ACQUISE PAR UN FRANÇAIS

EN PAYS ÉTRANGER

DE

LA NATURALISATION

ACQUISE PAR UN FRANÇAIS

EN

PAYS ÉTRANGER

PAR

JULES HERBAUX

DOCTEUR EN DROIT
SUBSTITUT DU PROCUREUR DE LA RÉPUBLIQUE
A VALENCIENNES

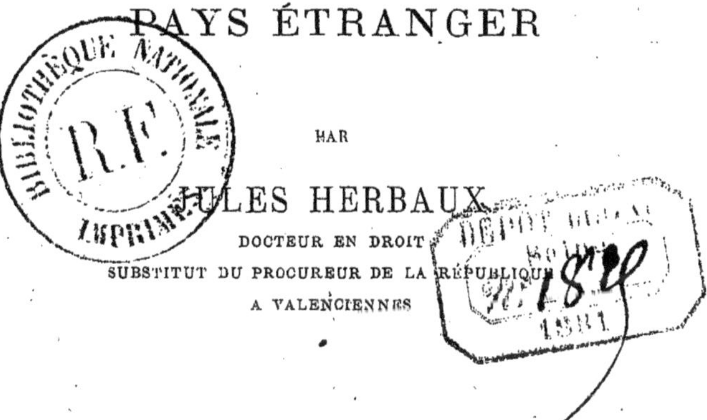

(EXTRAIT DE LA *Revue pratique de droit français*, T. LXVIII.)

PARIS

A. MARESCQ AÎNÉ, LIBRAIRE-ÉDITEUR

20, RUE SOUFFLOT, 20.
Au coin de la rue Victor-Cousin.

1880

NATURALISATION ACQUISE PAR UN FRANÇAIS
EN PAYS ÉTRANGER.

—

SOMMAIRE : 1. Principe général posé par le Code civil, art. 17, al. 1. — 2. Double objet de la présente étude. — 3. La naturalisation doit être réellement acquise. — 4. Elle doit être volontaire. — 5. Elle doit être réelle et complète. — 6. Faut-il qu'elle ne soit pas faite en fraude de la loi? *Controverse.* — 7. Premier système : Affirmative. — 8. Second système (adopté): Négative. Développement de cette théorie. — 9. La naturalisation en pays étranger doit-elle être au préalable autorisée par le gouvernement français ? — 10. Décret du 6 avril 1809. — 11. Décret du 26 août 1811. — 12. Ce décret était-il inconstitutionnel? — 13. Les déchéances qu'il édicte ne sont pas, en principe, abrogées. — 14. Que deviennent aujourd'hui les biens du Français naturalisé en pays étranger sans l'autorisation du gouvernement? — 15. Est-il encore privé du droit de succéder en France? — 16. Conditions de capacité exigées pour la naturalisation en pays étranger. — 17. De l'âge et de l'état d'interdit. — 18. De l'incapacité résultant du mariage. — 19. *Quid* quant au mari? — 20. *Quid* quant à la femme. *Controverse.* — 21. Premier système : Elle ne peut pas, même avec l'autorisation de son mari, acquérir une nationalité étrangère. Réfutation. — 22. Deuxième système : Elle n'a besoin d'aucune autorisation. Réfutation. — 23. Troisième système (adopté) : Elle doit être autorisée par son mari. — 24. L'autorisation maritale peut-elle être suppléée par l'autorisation de justice? *Controverse.* Affirmative adoptée. — 25. L'autorisation maritale ou judiciaire est-elle encore nécessaire si la femme est séparée de corps? *Controverse.* — 26. Premier système : Négative. — 27. Second système (adopté): Affirmative. Développement de cette théorie. — 28. Etat de la jurisprudence française sur la question. — 29. Jurisprudence belge. — 30. Jugement du tribunal de Charleroi du 3 janvier 1880. — 31. Arrêt de la cour d'appel de Bruxelles du 5 août 1880. — 32. Quels tribunaux sont compétents pour

1. D'après un principe général consacré par la législation française, le regnicole qui devient membre d'une nation étrangère cesse, par cela même, d'être sujet de la France.

En effet, le Code civil, dans l'art. 17, al. 1, s'exprime ains qu'il suit : « La qualité de Français se perdra par la naturalisation acquise en pays étranger. »

Cependant, ce vœu de la loi ne pourra pas toujours être satisfait. D'une part, chaque Etat agit suivant ses propres intérêts, en accueillant les étrangers qui émigrent, et il a, par suite, le droit de fixer souverainement les conditions sous lesquelles il entend leur conférer la naturalisation. D'autre part, chaque Etat a également le droit de déterminer dans quelles circonstances ses nationaux seront considérés comme ayant perdu leur patrie. Dès lors, il est possible que l'Etat A accorde la naturalisation à un sujet de l'Etat B, lequel Etat ne veut pas le libérer. Alors, malgré la naturalisation dans l'Etat A, l'Etat B continue à regarder le regnicole comme son sujet.

2. Il importe donc au plus haut point de rechercher : 1° quels caractères doit revêtir la naturalisation d'un Français en pays étranger pour être efficace en France ; 2° quelles conditions d'aptitude et de capacité doit remplir le Français, pour que sa naturalisation à l'étranger puisse valoir au regard de notre droit.

Tel sera exclusivement le double objet de la présente étude.

Nous ne rechercherons donc pas par quels *modes* un Français peut obtenir la naturalisation en pays étranger. Cette recherche exigerait un examen détaillé des législations étrangères (1), et notre seul but est de présenter ici une étude de droit français. Il est vrai que le Code civil a réglé la naturalisation résultant du mariage contracté par une Française avec un étranger (art. 19, al. 1). Mais cette hypothèse est régie par des principes identiques à ceux qui régissent le cas inverse de la naturalisation acquise en France par une étrangère qui épouse un Français (art. 12 C. civ.).

(1) Comp. M. de Folleville, *Traité théorique et pratique de la naturalisation,* n°ˢ 695-1029.

En ce qui concerne les *effets* de la naturalisation acquise par un Français en pays étranger, qu'il nous suffise de dire qu'ils ne donnent point lieu non plus à l'établissement de règles spéciales. Ils sont, comme les effets de la naturalisation acquise en France, dominés par deux principes fondamentaux: d'abord ils sont essentiellement personnels au naturalisé et ne s'étendent de plein droit ni à sa femme, ni à ses enfants, — ensuite ils ne rétroagissent pas et ne doivent point porter atteinte aux droits acquis. Les dispositions contraires qui pourraient se trouver dans une loi étrangère ne seraient point appliquées par les tribunaux français.

§ I.

QUELS CARACTÈRES DOIT REVÊTIR LA NATURALISATION ACQUISE EN PAYS ÉTRANGER, POUR ÊTRE EFFICACE EN FRANCE.

3. Tout d'abord, pour que la naturalisation à l'étranger soit reconnue en France, il faut qu'elle soit réellement *acquise*. Tant qu'elle n'est que sollicitée, la qualité de Français subsiste. En vain la demande adressée au gouvernement étranger contiendrait abdication expresse de la nationalité française. Une disposition en sens contraire avait été introduite dans le premier projet du Code, mais elle fut rejetée par le conseil d'Etat. Il eût, en effet, été impolitique de permettre que l'on pût se soustraire aux charges publiques par un mode aussi facile que la simple abdication. C'eût été d'ailleurs augmenter le nombre des gens sans patrie: situation regrettable et contraire à l'intérêt international.

4. La perte de la qualité de Français attachée à la naturalisation en pays étranger a été regardée, par les rédacteurs du Code, comme une sorte de peine. La France repousse ceux qui l'abandonnent et qui montrent, en se donnant à une nation étrangère, qu'ils n'ont point gardé au fond du cœur l'amour de la patrie. De là il suit que, pour faire perdre la qualité de Français, l'acquisition de la nationalité nouvelle devra être *volontaire*. On ne peut, en effet, présumer qu'il n'aime plus la France, celui qui ne s'est point offert à la nationalité étrangère et n'a pas eu l'intention d'en être investi. Ainsi, par exemple, un Français s'était établi à Cadix pour y faire le commerce, et s'y était marié avec une femme du pays. D'après la loi alors

suivie en Espagne, il suffisait à un étranger d'épouser une femme espagnole ou de fonder un établissement de commerce, pour être de plein droit Espagnol. Par un arrêt du 3 mai 1834 (voy. Dalloz, v° *Droits civils*, n° 284), la cour de Paris décida que cet individu n'en était pas moins resté Français.

5. Il faut encore que le nouvel état acquis par le Français en pays étranger constitue une naturalisation réelle et complète. Le Français qui obtiendrait en Belgique, en vertu de l'art. 13 du Code civil, l'autorisation d'établir son domicile, ne perdrait pas sa nationalité. De même ne cesse pas d'être sujet de la France celui de nos nationaux auquel on accorde, en Angleterre, ce qu'on appelle la *denization* : le denizen n'acquérant qu'une jouissance des droits civils (Cass., 19 janvier 1819, Sir. 1819, 1, 174; — Cass., 29 août 1822, Sir. 1822, 1, 131). De même encore, un bill du parlement anglais du 10 août 1844, connu sous le nom de *Statut Victoria*, et abrogé par une loi du 12 mai 1870, permettait à l'un des ministres secrétaires d'Etat d'accorder à un étranger un certificat révocable, concédant la jouissance de tout ou partie des droits civils ou politiques, mais réservant toutefois le droit d'être nommé membre du conseil privé ou d'une des chambres du Parlement. La jurisprudence a décidé que l'obtention de ce certificat ne faisait pas perdre la qualité de Français (Comp. Paris, 27 juillet 1859, D. P. 59, 2, 179; — Cass., 16 février 1875, D. P. 76, 1, 49. Comp. toutefois M. Demangeat sur Fœlix, *Droit international privé*, t. I, n° 54, note *b*). Enfin, il a été également admis qu'un Français qui obtenait à Hambourg des lettres de grande bourgeoisie, conservait sa nationalité. Voy. Ordonnance du conseil d'Etat, 18 novembre 1842 (Dev. 43, 2, 602).

6. Des auteurs se sont demandé s'il n'était pas nécessaire, pour reconnaître en France l'efficacité de la naturalisation, que celle-ci fût sincère et *ne fût pas faite en fraude de la loi*.

Tout d'abord cette question ne peut soulever aucune difficulté pour le cas où la fraude que l'on prétendrait découvrir dans une naturalisation se produirait à l'encontre de la loi étrangère. Le législateur, dans les travaux préparatoires, a directement prévu cette hypothèse. Lors de la discussion du titre Ier au conseil d'Etat, on fit observer que souvent des motifs d'intérêt ou de commerce obligeaient le Français à se faire naturaliser en pays étranger, par exemple en Angleterre, pour échapper au droit d'aubaine, et que, ces individus conservant l'esprit de retour, il ne serait pas juste de les dépouiller de leur qualité de Français. Mais on répondit que le législateur ne pouvait pas scruter les intentions de celui qui se fait naturaliser ; qu'autrement on arriverait à faire prévaloir une simple probabilité sur la certitude que donne le fait même de la naturalisation, et que, dans tous les cas, les lois ne devaient pas même se prêter à de semblables fraudes. Il est donc bien entendu que la naturalisation n'en est pas moins tenue pour valable en France, alors même qu'elle n'aurait d'autre but que d'éluder momentanément les lois rigoureuses d'un pays étranger (Comp. Malleville, *Analyse raisonnée de la discussion du Code civil,* t. I, p. 34). Comparez M. de Folleville, *Traité théorique et pratique de la naturalisation,* n° 382.

Mais il est possible aussi que le Français n'ait sollicité sa naturalisation à l'étranger que pour arriver à un résultat réprouvé par la loi française. Par exemple, ce sont deux époux qui, fatigués des liens indissolubles dans lesquels notre loi les enchaîne, se font naturaliser en pays étranger, en vue d'y faire prononcer le divorce. Alors faudra-t-il encore regarder en France cette naturalisation comme utile et efficace ?

7. Des autorités considérables ont pensé qu'une naturalisation intervenue dans ces conditions était inopérante, du moins aux yeux du droit français. Telle est la théorie devenue célèbre sous le nom de *théorie de la fraus legis.*

En effet, dit-on, le Code civil édicte la règle générale que la naturalisation à l'étranger fait perdre la qualité de Français. Mais, en décidant ainsi, il a supposé que la naturalisation serait sincère et de bonne foi. Toutes les dispositions de notre droit comportent une exception sous-entendue pour le cas de fraude : *fraus omnia corrumpit* (Comp. M. Labbé, *Journ. de droit internat. privé,* 1875, p. 409, § 4 ; — M. Gabba, *Revue pratique,* p. 394 et suiv., et les auteurs auxquels il renvoie ; M. Laurent, *Le droit civil international,* t. II, n°s 294 et suiv.).

La jurisprudence française a constamment consacré cette doctrine (Voy. Cass., 16 décembre 1845, Sir. 46, 1, 100 ; — Toulouse, 27 juillet 1874, S. 76, 2, 149 ; Cass., 19 juillet 1875, D. P. 76, 1, 5 à 8, avec la note). Le tribunal de la Seine, appelé à statuer dans une affaire qui eut un grand retentissement (aff. Bauffremont-Bibesco), et dans laquelle la naturalisation avait été acquise en pays étranger en vue d'arriver au divorce, n'hésita pas, par jugement du 10 mars 1876, à proclamer son inefficacité en France. Puis, dans l'affaire Vidal, le même tribunal a de nouveau consacré cette solution (jugement du 31 janvier 1877). Enfin ces deux décisions, successivement confirmées par la cour de Paris, ont aussi reçu la haute sanction de la Cour suprême (Comp. Paris, 17 juillet 1876 et 30 juin 1877, D. P. 1878, 2, 1-7 ; Cass., 18 mars 1878, D. P. 1878, 1, 201).

8. Et cependant, nous avouons ne pas comprendre que l'on puisse ainsi dénier, en France, tout effet à une naturalisation acquise en pays étranger, sous le prétexte qu'en la sollicitant, on aurait eu pour but de se procurer un droit refusé par la loi française (Comp. M. Reverchon, *Revue critique*, 1877, t. VI, p. 72). On dit qu'il y a fraude dans le fait de se soumettre à une loi étrangère, pour en retirer un avantage que l'on chercherait en vain dans sa loi d'origine. Mais si l'on poussait une pareille doctrine à bout, l'on arriverait bientôt à supprimer la faculté imprescriptible et inviolable qui appartient à tout homme, d'abandonner la patrie que lui a conférée sa naissance, pour prendre celle de sa convenance et de ses goûts. En effet, tout individu qui abandonne sa nationalité pour en adopter une autre, est presque toujours amené à cette détermination par la perspective de certains avantages qu'il compte trouver sous la loi nouvelle. Du moment où l'on décide que la naturalisation à l'étranger est permise quand elle mène à l'exercice de tel droit, mais défendue quand elle aboutit à l'exercice de tel autre, on déclare du même coup qu'il est des cas en France où l'allégeance est perpétuelle, et l'on porte ainsi atteinte à une faculté absolue, qui repose sur la liberté individuelle.

Les travaux préparatoires ne contiennent d'ailleurs aucun passage d'où puisse s'induire un pareil système. Il a été dit, sans doute, « qu'un Français ne peut faire fraude aux lois de son pays pour aller contracter mariage en pays étranger, sans le consentement de ses père et mère, avant l'âge de vingt-cinq ans » (Portalis, *Exposé des motifs;* Locré, t. I, p. 304). Mais l'hypothèse visée dans ce texte n'est point celle de notre espèce. On y suppose, en effet, qu'un Français passe en pays étranger sans avoir changé de nationalité. Dans ce cas, il est clair que le statut personnel français doit être suivi, au delà de la frontière, indépendamment de tout esprit de fraude.

D'autre part, l'art. 17, al. 1, du Code civil, est général ; il ne distingue pas suivant le mobile qui fait changer de patrie. Si l'on satisfait aux conditions d'âge et de capacité, qui permettent de prendre, sur la nationalité, une décision sérieuse et libre, et si l'on acquiert une naturalisation en pays étranger, on cesse aussitôt d'être Français. Cette situation d'étranger comporte-t-elle des inconvénients ? on les subira ; mais à l'inverse, renferme-t-elle des avantages ? on pourra en jouir : ainsi le veut l'équité.

Quand deux époux vont se placer à l'abri d'une loi étrangère, et lui demandent de rompre complètement par le divorce le lien qui les unit en France, pourquoi regarderions-nous cette démarche comme vaine et impuissante ? On ne peut pas dire que ces personnes ont violé la loi française ; car, pour cela, il faudrait qu'elles eussent encore été soumises à son empire. Or, elles avaient pris soin de s'en affranchir, en se faisant naturaliser à l'étranger. Aussi ne comprenons-nous pas l'objection présentée par M. Laurent (*Le droit civil international*, t. II, n° 295). L'art. 6 du Code civil, dit-il, pose comme règle générale que l'on ne peut par des conventions déroger aux lois qui intéressent l'ordre public ; or faire fraude à la loi, pour l'éluder et ne pas l'observer, c'est y déroger ; donc la dérogation est nulle. Ce raisonnement ne se soutient pas puisque la dérogation à la loi française est, par hypothèse, avoir eu lieu après la naturalisation acquise en pays étranger. M. Laurent admet lui-même (1) que l'étranger divorcé dans son pays peut contracter un nouveau mariage en France, et la jurisprudence a plusieurs fois consacré cette opinion (2). Or en quoi la situation du Français naturalisé à l'étranger, puis divorcé, serait-elle différente ? Parce que, sans doute, son divorce une fois accompli, il va rentrer en France ? Mais s'il est vrai qu'il est coupable d'avoir bravé la loi française, rien n'empêche le gouvernement de l'expulser comme un étranger ordinaire. Vient-il à demander l'autorisation exigée par l'art. 18 du Code civil pour recouvrer la qualité de Français ? ici encore le gouvernement peut lui infliger un refus.

(1) *Principes de droit civil*, t. I, n° 93.
(2) Cass., 28 février 1860, D. P. 60, 57, 60 ; Orléans, 19 avril 1860, Dev 1860, 2, 196.

De plus, s'il est vrai que deux époux français commettent une faute envers la loi française, en se faisant naturaliser, pour obtenir le divorce, dans un pays qui admet cette institution, par réciprocité, il faudra dire que deux époux, sujets de ce dernier pays, commettront aussi une faute envers leur loi nationale, si, pour rendre leur union indissoluble, ils sollicitent et obtiennent la naturalisation dans un pays qui, comme le nôtre, exclut le divorce. Ainsi, la Belgique pourrait considérer comme frauduleuse et inefficace à son égard la naturalisation que deux époux, sujets de ce pays, pour assurer l'indissolubilité de leur union, seraient venus demander à la France. La protection de notre loi ne pourrait donc les suivre au delà de nos frontières, parce que leur admission à notre nationalité aurait été inspirée et provoquée par des sentiments et des scrupules qui peuvent ne pas être partagés par tout le monde, mais qui, en tout cas, sont respectables. Comment justifier un pareil système ?

D'ailleurs, suivant la doctrine que nous combattons, on serait obligé de scruter les intentions du naturalisé, et de rechercher le mobile auquel il a cédé : recherche difficile et périlleuse, dans laquelle le juge ne sera le plus souvent guidé que par des inductions douteuses et des probabilités équivoques. Il est des pays où il existe un moyen légal de savoir si, oui ou non, une naturalisation doit être considérée comme ayant été accomplie de bonne foi. Ainsi, le traité conclu entre les Etats-Unis et l'Allemagne, le 22 février 1868, n'admet la bonne foi chez les sujets qui, étant tenus au service militaire, passent de l'une de ces puissances à l'autre, que s'ils ont séjourné pendant cinq années consécutives dans la nouvelle patrie qu'ils ont choisie (1).

---

(1) Il arrive parfois qu'un malfaiteur fugitif se fait naturaliser dans un pays étranger, espérant échapper à une demande d'extradition, grâce à l'usage suivi par la plupart des Etats, de ne point livrer les nationaux. Divers traités ont eu en vue de déjouer un semblable calcul, et portent qu'une naturalisation acquise postérieurement au crime ne sera pas un obstacle à l'extradition. Comparez en ce sens : Traité du 13 novembre 1872 (art. 3), entre la Grande-Bretagne et le Brésil ; traité du 5 février 1873 (art. 4), entre la Grande-Bretagne et l'Italie ; traité du 14 août 1876 (article 2), entre la Grande-Bretagne et la France. Mais le fait même de ces stipulations particulières ne prouve-t-il pas qu'aux yeux des hautes puissances contractantes le *consilium fraudis* chez le naturalisé ne suffisait pas, en thèse générale, pour invalider la naturalisation ?

En ce qui concerne les naturalisations qui pourraient être acquises à l'étranger pour éviter le service sous les drapeaux, nos lois militaires actuelles permettent d'exercer une répression suffisante. Sur ce point, voyez le *Traité de la naturalisation* de M. de Folleville, nᵒˢ 691-693.

Mais, en France, à défaut de règle semblable, à quel criterium s'arrêtera-t-on?

Un auteur propose de décider que la mauvaise foi sera présumée chez l'individu qui, peu de temps après s'être fait naturaliser à l'étranger, revient établir son domicile dans son ancienne patrie. Cette solution peut avoir quelque crédit pour ceux aux yeux desquels le statut personnel est fixé par la loi du domicile. Mais cela est complètement inadmissible pour nous, qui pensons que l'homme a son statut personnel réglé par la loi de la nation à laquelle il appartient, abstraction faite du lieu qu'il habite. Un Français a beau revenir en France après s'être fait naturaliser dans un autre pays, son état et sa capacité n'en resteront pas moins régis par la législation étrangère. Ce retour, n'ayant pas pour résultat de le remettre sous la loi dont il s'est précédemment affranchi, ne constitue pas une preuve de fraude.

Nous ferons la même réponse à une objection qu'on a prétendu tirer des principes admis par le droit anglo-américain. C'est à tort que M. Laurent rappelle cette règle posée par Story dans son *Conflict of laws* (§ 106), à savoir, qu'il faut regarder comme nuls dans le lieu du *domicile* du contractant les actes passés à l'étranger, soit par une personne incapable (mineur, interdit, femme mariée), soit par toute autre personne en fraude des institutions de sa patrie.

On conçoit qu'il soit nécessaire d'édicter une telle sanction quand on admet, comme Story, que l'état et la capacité des personnes sont régis par la loi du domicile. Autrement il suffirait de passer la frontière pour transformer sa capacité, sauf à recouvrer, au premier moment, son statut primitif par un retour au pays d'origine. Mais il en est tout autrement quand on enseigne, comme M. Laurent, que le statut personnel dépend de la nationalité et non du domicile. Dans cette opinion, l'individu qui change de statut ne peut plus, à son gré et suivant son caprice, revenir à son ancien état, c'est-à-dire à son ancienne nationalité. L'autorité de la patrie abandonnée a un droit d'intervention. Notamment l'art. 18 de notre Code civil exige une autorisation gouvernementale (Comp. M. Laurent, *Le droit civil international*, t. II, n°s 97 et 297).

On a aussi enseigné que la naturalisation n'est pas sincère, toutes les fois « qu'elle crée un obstacle injustifiable à un droit quelconque d'une autre personne qui n'a pas quitté le territoire national » (Comp. M. Gabba, *Revue pratique*, 1876, t. XLII, p. 399). Mais de cette façon on déplace la question sans la résoudre. Autre chose est de critiquer une naturalisation parce qu'elle lèse le droit d'un tiers, autre chose est de la critiquer parce qu'elle serait faite en fraude de la loi.

Enfin, une opinion a encore soutenu que la naturalisation serait viciée pour fraude, « si la personne se replaçait plus tard sous l'empire de cette loi, à la rigueur de laquelle elle a tenté d'échapper par l'émigration... Mais si la nationalité nouvellement acquise est ultérieurement conservée, il ne peut être question de fraude » (Comp. M. de Holzendorff, *Journal de droit international privé*, 1876, p. 13).

Assurément, de toutes les idées émises sur ce point, celle-ci est la plus acceptable. Néanmoins elle n'est pas exempte d'inconvénients. D'abord, quel est le laps de temps qui devra séparer la naturalisation à l'étranger de la réintégration dans la nationalité française, pour que la fraude ne soit point présumée? Cette appréciation serait purement arbitraire. Ensuite, cette solution aurait pour but de jeter l'incertitude sur la nationalité. Ainsi, un Français s'est fait naturaliser à l'étranger : cessera-t-il d'être Français? On ne le saura pas *à priori* : il faudra attendre et voir si cet individu conserve son nouvel état pendant une période qui est elle-même indéterminée.

Aussi nous aimons mieux décider qu'une naturalisation acquise en pays étranger par un Français, maître de ses droits, ne peut jamais être tenue pour nulle en France, sous le prétexte que cet acte n'aurait été déterminé que par la perspective de tel avantage particulier, refusé par la loi française. Aussitôt après sa naturalisation, cet individu est étranger, même aux yeux de notre pays. Revient-il en France, et sa présence au milieu de ses anciens compatriotes est-elle regardée comme un scandale? on peut l'expulser. Demande-t-il l'autorisation de domicile, nécessaire, aux termes de l'art. 18 du Code civil, pour recouvrer la nationalité française? le gouvernement pourra la lui refuser (1). Mais, ce qui nous semble certain, c'est qu'il a cessé d'être Français dès le jour même de sa naturalisation en

(1) Il ne faut point non plus oublier les déchéances qui, aux termes du décret du 26 août 1811, auront pu être attachées à la naturalisation acquise sans autorisation en pays étranger (Comp. *infra*, nᵒˢ 13-16).

pays étranger, quel que soit le mobile qui lui ait inspiré cette résolution.

Une dernière considération, d'ailleurs, nous détermine à persister dans cette manière de voir. Admettons, pour un instant, qu'il y ait une fraude à la loi française, dans le fait d'aller exercer à l'étranger une faculté qu'elle prohibe. La perte de la qualité de Français, attachée à la naturalisation en pays étranger, peut être regardée comme une sorte de peine, et nos législateurs ont déclaré, dans les travaux préparatoires, qu'elle serait encourue même par celui de nos nationaux qui ne changerait de patrie que pour frauder une loi de la nation étrangère qui l'accueille. Puisque la perte de la qualité de Français sert à réprimer une fraude envers la loi étrangère, à combien plus forte raison ne doit-elle pas servir aussi à réprimer une fraude envers la loi française ?

§ II.

QUELLES CONDITIONS D'APTITUDE ET DE CAPACITÉ DOIT REMPLIR LE FRANÇAIS, POUR QUE LA NATURALISATION ACQUISE PAR LUI EN PAYS ÉTRANGER PUISSE VALOIR AU REGARD DE NOTRE DROIT ?

9. Il est une première question qui se pose, c'est celle de savoir si la naturalisation acquise à l'étranger, pour être reconnue en France, ne doit pas, au préalable, être autorisée par le gouvernement français. Sous l'empire du Code civil, aucun doute n'était possible; l'art. 17, al. 1, dispose que la qualité de Français se perd par la naturalisation acquise en pays étranger, et ne soumet l'acquisition de cette naturalisation à aucune autorisation préalable. Et qu'on ne dise pas que cette disposition n'est que le résultat d'une inadvertance; car le même article, dans son 2e alinéa, lorsqu'il parle d'acceptation de fonctions publiques en pays étranger, n'a pas manqué de prévoir la nécessité d'une autorisation.

Mais, postérieurement au Code civil, Napoléon, sentant le besoin de compter sur le plus grand nombre d'hommes possible pour ses entreprises guerrières, rendit deux décrets empreints d'une violence extrême, ayant pour but de mettre obstacle à l'émigration des Français.

10. D'abord, c'est le décret du 6 avril 1809. Comme il ne se

rapporte pas directement à notre sujet, nous ne le citons que pour mémoire. Il est relatif aux Français qui auront porté les armes contre la France, — au devoir des Français qui sont chez une nation étrangère, quand la guerre éclate entre la France et cette nation, — et enfin aux Français rappelés d'un pays étranger, et avec lequel la France n'est pas en guerre.

11. Ensuite, c'est le décret du 26 août 1811, sur lequel nous devons nous arrêter un moment, parce que, tout en s'occupant aussi des Français au service d'une nation étrangère, il prévoit spécialement la naturalisation des Français en pays étranger. L'art. 1er de ce décret commence par poser cette règle qu' « aucun Français ne peut être naturalisé en pays étranger sans autorisation. » De là il semblerait résulter que le Français investi d'une nationalité étrangère sans y avoir été autorisé continuerait, comme par le passé, à être traité en France comme un Français. Pourtant il n'en est rien. En effet, aussitôt après cette première disposition, le décret s'occupe de régler la situation respective faite désormais aux Français qui ont été autorisés et à ceux qui ne l'ont pas été ; et il en résulte que le Français naturalisé à l'étranger sans autorisation cesse d'être Français, mais encourt des déchéances et des peines, qui ne frappent pas celui qui s'est fait autoriser.

D'un côté, les Français naturalisés *avec autorisation* « jouiront du droit de posséder, de transmettre des propriétés et de succéder, quand même les sujets du pays où ils seront naturalisés ne jouiraient pas de ces droits en France » (art. 3). — Pour bien comprendre cette disposition, il faut se rappeler qu'à cette époque, en vertu des art. 726 et 912 du Code civil, les étrangers étaient incapables de succéder et de recevoir en France. — Les enfants de ces Français ainsi naturalisés pourront invoquer le bénéfice des art. 9 et 10 du Code civil, et même recueillir les successions et exercer tous les droits qui seront ouverts à leur profit pendant leur minorité et dans les dix ans qui suivront leur majorité accomplie (art. 4).

D'un autre côté, tout Français naturalisé *sans autorisation* encourra la perte de ses biens, qui seront confisqués ; il n'aura plus le droit de succéder ; et toutes les successions qui viendront à lui échoir passeront à celui qui est appelé après lui à recueillir, pourvu qu'il soit regnicole (art. 6). — Il sera constaté, par-devant la cour du dernier domicile du prévenu, qu'il a perdu ses droits civils en France (art. 7). — S'il avait reçu distinctement et par transmission des titres institués par le sénatus-consulte du 14 août 1806, il en sera déchu, et les biens y attachés seront dévolus, avec ces titres, à la personne restée française, appelée selon les lois, sauf les droits de la femme, qui seront réglés comme en cas de viduité (art. 8 et 9). — S'il est trouvé sur le territoire de l'empire, il sera, pour la première fois, arrêté et reconduit au delà des frontières ; en cas de récidive, il sera poursuivi et condamné à être détenu pendant un temps qui ne pourra être moindre d'une année ni excéder dix ans (art. 11). — Il ne pourra être relevé de ces déchéances que par des lettres de relief, accordées en la forme des lettres de grâce (art. 12). — Les Français qui seront déjà naturalisés au moment du décret auront un délai variant de un an à cinq ans selon les lieux qu'ils habitent pour solliciter l'autorisation (art. 14). — Enfin, tout Français naturalisé en pays étranger, avec ou sans autorisation, ne pourra jamais porter les armes contre la France, sous peine d'être condamné conformément à l'art. 75 du Code pénal (art. 5 et 13).

Ainsi, sous l'empire du décret de 1811, le Français pouvait être regardé en France comme ayant acquis une nationalité étrangère, alors même qu'il n'avait pas été autorisé ; mais il avait pourtant un intérêt considérable à obtenir cette autorisation. Cet intérêt existe-t-il encore aujourd'hui ?

12. Une opinion répond négativement, et soutient qu'on ne doit tenir aucun compte des dispositions du décret de 1811, par cette raison que, comme celui de 1809, il serait entaché d'inconstitutionnalité et n'aurait aucune existence légale. En effet, dit-on, il est bien vrai, sans doute, que, suivant la constitution du 22 frimaire an VIII, art. 21 et 37, les décrets législatifs qui n'avaient pas été attaqués dans un délai de dix jours pour cause d'inconstitutionnalité acquéraient force de loi, et que, précisément, les décrets de 1809 et de 1811 n'ont pas été ainsi attaqués. Mais il faut remarquer que c'était au Tribunat et au gouvernement qu'appartenait le droit de déférer les décrets au Sénat. Or le sénatus-consulte du 19 août 1807 ayant supprimé le Tribunat, c'est le gouvernement qui est demeuré seul le maître d'appeler le contrôle sénatorial sur ses propres actes. C'était là une garantie illusoire. Aussi, dès la suppression du Tribunat, il n'était plus raisonnablement possible d'appliquer encore cette

règle que tout décret législatif non attaqué dans le délai de dix jours devenait obligatoire.

Néanmoins, la jurisprudence n'a jamais cru devoir annuler pour inconstitutionnalité les décrets de 1809 et de 1811. C'est qu'en effet, si l'on fût entré dans cette voie, il aurait fallu logiquement annuler aussi tous les autres décrets législatifs entachés du même vice : ce qui aurait apporté dans notre législation un trouble fâcheux et des lacunes regrettables (Voy. Paris, 27 juin 1831. Dev. 31,2,335; — Cass., 8 et 22 avril 1831. D. P. 31, 1, 171).

13. Une fois admis que les décrets dont il s'agit ne sont pas illégaux, on s'est demandé si du moins ils n'avaient pas été abrogés. Les auteurs sont presque unanimes à enseigner la négative. D'une part, en effet, aucun texte n'a prononcé d'une manière expresse et certaine leur abolition; d'autre part, ils ne sont pas tombés en désuétude, car ils ont été visés dans différentes ordonnances royales, en 1814, par exemple, et en 1823, puis dans des Avis du conseil d'Etat et de nombreux arrêts de cours d'appel. En outre, en ce qui concerne spécialement l'application du décret de 1811, trois fois depuis 1816, le gouvernement a encore accordé à des Français l'autorisation de se faire naturaliser en pays étranger. Tout ce qu'il est donc permis de faire, c'est de souhaiter l'abolition prochaine de ces décrets, qui portent une si grave atteinte à la liberté naturelle appartenant à tout homme de s'expatrier, et dont la violence ne s'expliquait d'ailleurs que par des circonstances et des raisons politiques, qui ont depuis longtemps disparu. (Comp. Cass., 27 mai 1819. D. P. 1819,1,515; — Cass., 13 février 1827. D. P. 1827,1,137; — Cass., 1er septembre 1832. D. P. 1832, 1, 23, etc. etc. — Merlin, *Répertoire*, v° *Français*, 5e édit., t. VII, p. 18; — Duvergier sur Toullier, t. I, n° 271, note 6; — Marcadé, 5e édit., t. I, p. 120, n° 162; — Demolombe, t. l, n° 187).

Mais, s'il est impossible de rejeter dans leur ensemble les décrets de 1809 et de 1811, il est certain que quelques-unes de leurs dispositions ne sont plus applicables aujourd'hui, parce qu'elles seraient incompatibles avec des lois particulières ultérieurement portées. Ainsi, les tribunaux extraordinaires, les cours spéciales et la confiscation des biens n'existent plus (Charte de 1830, art. 53 et 54; Constitution du 14 janvier 1852, art. 1er). Mais on admet que la perte des grades obtenus dans les ordres nationaux, celle des titres de noblesse, l'interdiction de reparaître sur le sol français, pourraient encore être appliquées ; il en serait de même de la peine de mort contre le Français naturalisé en pays étranger qui porterait les armes contre la France. Sur ce dernier point, comparez toutefois M. Demante, *Revue étrangère et française*, t. VII, p. 417.

D'ailleurs, deux questions principales ont surtout été agitées : il nous reste à les examiner.

14. De nos jours, le Français naturalisé en pays étranger sans autorisation ne peut plus certainement encourir la peine de la confiscation ; mais alors que deviennent ses biens ?

Des auteurs ont pensé qu'ils devaient être recueillis par ses héritiers. En effet, dit-on, d'une part, le décret de 1811 déclare que ce Français a perdu ses droits civils ; d'autre part, il le considère comme s'il était mort : car il décide que les droits pécuniaires de sa femme seront réglés comme en cas de viduité (Comp. Delvincourt, t. I, p. 205, note 4, 2e édit. ; — Foucard, *Droit admin.*, t. I, p. 195).

Nous croyons, avec la majorité des auteurs, que cette opinion ne peut pas être admise : à notre sens, depuis l'abolition de la confiscation, le naturalisé sans autorisation reste propriétaire de ses biens situés en France et peut, par exemple, en disposer par testament. En effet, pour que la succession de ce Français fût ainsi ouverte, il faudrait que le décret de 1811 prononçât contre lui la mort civile. Or, il n'en est rien. Le règlement des droits de la femme, comme en cas de viduité, n'était qu'une conséquence de la confiscation, car celle-ci nécessitait une liquidation des reprises. — D'ailleurs, le décret avait si peu en vue la mort civile qu'il ne déclarait pas le mariage dissous. Le silence gardé par le décret du 26 août 1811, en ce qui concerne la mort civile, est d'autant plus significatif que le décret du 6 avril 1809 n'avait point manqué d'en parler expressément. — Il est vrai que la privation des droits civils était édictée contre le Français naturalisé à l'étranger sans autorisation ; mais on ne peut assimiler cette privation à une sorte de mort civile : il existe entre elles une différence considérable, celle qui sépare la position d'un étranger de la position d'un mort civilement. — Enfin, plus les dispositions du décret de 1811 sont exorbitantes, plus il faut se garder de les

étendre arbitrairement (Comp. M. Demolombe, t. I, n° 188 ; —
MM. Aubry et Rau, t. I, § 74, note 8 ; — Valette sur Proudhon, t. I, p. 187 et 188. — Paris, 1er février 1836. Dev.
36,2,173).

Au surplus, cette question ne peut même plus se poser
depuis que la loi du 31 mai 1854 a supprimé la mort civile.

15. Enfin, on s'est demandé si la perte du droit de succéder en
France, prononcée par l'art. 6 du décret de 1811, doit encore
être maintenue contre le Français naturalisé sans autorisation
en pays étranger. Le doute vient de ce que la loi du 14 juillet
1819, abrogeant les art. 726 et 912 du Code civil, a permis aux
étrangers de succéder en France.

Une opinion donne à cet individu le droit de recueillir les
successions ouvertes en France à son profit. En effet, dit-on, la
loi du 14 juillet 1819 est générale; elle confère à tous les étrangers la capacité de succéder (Comp. Merlin, *Répert.*, t. XVI,
v° *Français;* — Valette sur Proudhon, t. I, p. 188; — Paris,
1er février 1836. Dev. 36,2,173).

En fait, cette doctrine est assurément digne de sympathie,
puisqu'elle a pour résultat de restreindre l'application du décret de 1811 et d'en tempérer l'excessive rigueur. Mais, en
droit, cette solution ne nous semble pas fondée. En effet, ce
n'était pas comme étranger, et par suite de la disposition générale contenue dans l'art. 726 du Code civil, que le Français
naturalisé en pays étranger sans autorisation était incapable de
succéder en France; c'était à titre de peine et en vertu de la
disposition spéciale renfermée dans l'art. 6 du décret de 1811.
Or, les auteurs de la loi de 1819 ont seulement voulu abroger
les art. 726 et 912 du Code civil. Les termes mêmes dans lesquels est conçu l'art. 1er de cette loi le démontrent avec évi-
dence : « Les art. 726 et 912 du Code civil sont abrogés : en
conséquence, les étrangers auront le droit de succéder..... »
Donc, cette loi n'a pas suffi pour abroger l'art. 6 du décret
de 1811. — Le décret de 1811 avait pour but de créer une situation particulière, ayant une cause propre, et ne se rattachant pas au système général d'incapacités qui, à cette époque,
atteignaient les étrangers. En effet, d'une part, bien que le
Français naturalisé avec autorisation fût un étranger, il était
admis à succéder en France, alors même que les étrangers n'y
succédaient pas (art. 3). D'autre part, le Français naturalisé

sans autorisation n'aurait pu succéder, alors même que les sujets du pays qu'il avait adopté pour patrie auraient puisé ce
droit de succession dans des traités conclus avec la France :
l'incapacité prononcée contre le naturalisé sans autorisation
était, en effet, absolue et conçue sans réserve ni distinction.
Dès lors, il aurait fallu un texte particulier, ou une mention
spéciale dans la loi de 1819, pour faire disparaître, dans notre
espèce, la prohibition de succéder : et ce texte, et cette mention n'existent nulle part ! Dans cet état de notre législation,
on est bien obligé de décider que le Français naturalisé sans
autorisation en pays étranger ne peut pas encore, à l'heure actuelle, recueillir en France la succession qui s'ouvrirait à son
profit (Comp. M. Demolombe, t. I, n° 188 ; — MM. Aubry et
Rau, t. I, § 74, p. 270, texte et note 9 ; — Demante, *Revue
étrangère et française*, t. I, p. 443. — Pau, 19 mars 1834.
Dev. 34, 2,441).

16. Maintenant que nous connaissons l'intérêt que peut avoir
un Français à se pourvoir de l'autorisation gouvernementale
avant de se faire naturaliser en pays étranger, examinons les
conditions d'aptitude ou de capacité auxquelles il devra satis-
faire, pour que sa naturalisation soit considérée, au regard du
droit français, comme l'ayant investi de la nationalité étrangère.

17. Le changement de nationalité entraîne de trop graves
conséquences pour être au pouvoir de personnes qui n'auraient
pas encore atteint l'âge de la réflexion. Aussi, est-il admis
qu'un Français en état de minorité, fût-il d'ailleurs émancipé,
ne pourrait valablement se faire naturaliser en pays étranger.
Il y a plus : cet acte ne lui serait pas encore possible, alors
même que, pour l'accomplir, il serait assisté de ses représen-
tants légaux. Le choix d'une patrie doit, en effet, avoir pour
source une volonté essentiellement libre et personnelle. Cette
règle n'a pas été, il est vrai, expressément consacrée par le
Code ; mais elle résulte de son esprit. Ainsi, aux termes de la
loi du 7 février 1851, tout individu né en France de parents
étrangers, qui eux-mêmes y sont nés, est déclaré Français d'o-
rigine. Seulement, le droit lui est réservé de réclamer plus
tard la nationalité étrangère, qui est celle de sa famille. A quel
moment cette réclamation peut-elle s'exercer ? La loi répond :
«Dans l'année qui suivra l'époque de sa majorité.» Sans doute,
une loi du 16 décembre 1874 est intervenue pour accorder aux

2

eunes gens de cette catégorie la faculté de renoncer, avant l'âge légal, avec l'assistance de leurs père, mère ou tuteur, à l'option qu'il leur est loisible de faire en faveur de la nationalité étrangère. Mais la nécessité d'un texte formel et spécial pour consacrer cette disposition démontre combien celle-ci est exceptionnelle. En outre, les précautions que l'on a prises, les réserves que l'on a formulées, les considérations de nécessité pratique et d'équité que l'on a fait valoir à son appui, prouvent encore combien il répugne au législateur de laisser des mineurs faire acte de nationalité.

18. A côté de l'âge (1), il est aussi une circonstance qui peut faire obstacle à la naturalisation en pays étranger : c'est l'incapacité qui résulte du mariage.

19. Quant au mari, il est presque unanimement admis qu'il peut acquérir une nationalité étrangère sans l'autorisation de sa femme : l'opinion contraire n'a pas trouvé d'adhérents, car elle est purement arbitraire (Comp. M. Blondeau, *Revue de droit français et étranger*, 1845, p. 133).

20. En ce qui concerne la femme mariée, on trouve, dans les auteurs, des divergences plus profondes.

21. Un premier système enseigne qu'elle ne peut pas, son mari restant Français, acquérir une nationalité étrangère, même avec l'autorisation de ce dernier. En effet, dit-on, d'après l'art. 12 du Code civil, la femme étrangère qui épouse un Français suit la condition de son mari et devient Française à son tour. De même, d'après l'art. 19, la femme Française qui épouse un étranger devient étrangère. Ces dispositions sont impératives et démontrent que, selon l'esprit de la loi, la nationalité des époux doit toujours être parfaitement une et identique. Or, cette unité serait rompue, s'il était permis à la femme, durant le mariage, de se placer sous la protection d'une loi étrangère, tandis que son mari resterait soumis à la loi française. C'est en vain que la femme se prévaudrait de l'autorisation maritale : il n'y a pas d'autorisation possible pour ce qui répugne aux conditions essentielles du mariage (Comp.

---

(1) En ce qui concerne l'*interdit*, son incapacité à la différence de celle du mineur, ne prend pas fin à une date fixe et prévue. D'autre part, le changement de nationalité revêt un caractère trop personnel pour qu'on puisse le laisser à la discrétion d'un tiers. Dans ces conditions, nous pensons que l'interdit peut se choisir une nouvelle patrie, mais seulement lorsqu'il se trouve dans un intervalle lucide.

Massé, *Droit commercial*, t. II, n° 998; — Varambon, *Revue pratique*, 1859, t. VIII, p. 55 et suiv.; — Gabba, *Revue pratique*, 1876, t. XLII, p. 404; — Filomusi-Guelfi, *Della naturalizzazione...*, p. 10, Turin, 1876).

Cette doctrine ne repose pas, à nos yeux, sur une base solide. D'abord, pour être logique, il faut inévitablement en tirer cette déduction, que si, pendant le mariage, le mari vient à changer de nationalité, la femme suivra nécessairement sa nouvelle condition. Or, si désirable que puisse paraître l'unité de nationalité au sein de la famille, elle ne peut raisonnablement donner au mari un pouvoir aussi tyrannique. Si la femme embrasse, au moment du mariage, la nationalité dont son mari est investi, c'est qu'alors on peut présumer qu'elle désire ce résultat. Enfin, la faculté pour chacun de choisir la patrie dont il veut être membre constitue un droit primordial et naturel, et l'on conçoit que, pour en priver une femme mariée, il faudrait, non une simple induction, mais un texte positif. Dès lors, il faut décider que la femme mariée peut acquérir, pendant le mariage, une nationalité autre que celle de son mari.

22. Mais un second système va jusqu'à dire qu'elle n'aura pas besoin d'y être autorisée. Cette opinion n'a aucun crédit dans la doctrine. Quelques jurisconsultes l'indiquent, et aucun d'entre eux ne l'adopte. L'auteur qui lui est le plus favorable est M. Gabba (*Revue pratique, loc. cit.*), et encore il commence par soutenir que la femme mariée ne peut jamais, quand son mari reste Français, se faire naturaliser en pays étranger. Puis, se plaçant dans l'hypothèse contraire, où ce droit devrait être reconnu, il pense alors que l'autorisation maritale ne serait pas nécessaire pour la validité de la naturalisation : « C'est qu'en effet, dit-il, les lois d'exception ne peuvent pas être appliquées à des cas qu'elles ne contemplent pas expressément. La loi qui établit l'autorisation maritale est certainement de ce nombre. Les art. 215 et suiv. du Code civil, qui règlent cette matière, ne disent pas un mot de l'autorisation maritale pour le changement de nationalité d'une femme mariée. » Encore une fois, il n'est pas nécessaire de s'arrêter à cette opinion. Elle se réfute d'ailleurs par les motifs qui servent d'arguments dans le système suivant.

23. Le troisième système, auquel nous nous rallions, soutient, comme le précédent, que la femme peut, pendant la durée du

mariage, se faire naturaliser en pays étranger ; mais il exige qu'elle soit autorisée. En effet, il est incontestable que l'identité de nationalité entre les époux est désirable, pour garantir la bonne direction de la famille. Dès lors, n'est-il pas rationnel que le mari, qui est le chef de cette direction, qui en est le surveillant légal, soit consulté, lorsque sa femme désire changer de patrie? L'art. 213 du Code civil, en déclarant que la femme doit obéissance à son mari, ne lui impose-t-il pas du même coup cette marque de déférence et de respect? Les dispositions qui énumèrent les cas où l'autorisation maritale est requise, ne signalent pas celui-ci; mais c'est là une objection peu pressante. D'abord, il est des actes et des contrats que les art. 215 et suiv. ne mentionnent pas, et pour lesquels pourtant la nécessité de l'autorisation maritale ne soulève aucune protestation. Ainsi, il est admis, malgré le silence du Code à cet égard, qu'une femme mariée ne peut consentir à être adoptée sans se pourvoir de l'autorisation (Voy. Dalloz, v° *Adoption*, n° 110). Ensuite, la loi elle-même requiert expressément l'autorisation dans des hypothèses qui comportent moins d'importance et de gravité qu'une naturalisation.

Par exemple, une femme commune en biens ne pourrait pas, sans autorisation, aliéner le plus modeste mobilier, et pourtant elle aurait le droit d'aliéner librement et sans contrôle sa nationalité! Comment admettre une aussi étrange anomalie? On ne peut prétendre que le Code a voulu rendre nécessaire l'autorisation du mari, seulement pour les actes concernant la fortune. Il n'est pas possible que les actes concernant la société conjugale aient paru aux yeux du législateur exclusivement inspirés par des considérations matérielles. Le mariage a, au contraire, pour idéal l'harmonie de deux volontés, l'accord de deux dévouements se proposant un but commun, la constitution d'une famille. Tous les auteurs disent que l'union des intérêts moraux entre les époux est le point essentiel et capital : l'union des intérêts matériels ne lui servant que de force et d'appui. Et puisque le mari peut veiller au maintien de celle-ci, grâce au droit d'autorisation qui lui appartient, pourquoi ne pourrait-il pas aussi veiller, par le même moyen, au maintien de celle-là?

On ne peut davantage tirer une objection de ce que la femme pourrait, sans autorisation, reconnaître un enfant naturel. La reconnaissance n'est que l'aveu d'un fait. L'enfant aurait le droit de rechercher sa maternité en justice, sans être arrêté par la circonstance que sa prétendue mère est actuellement en puissance de mari. Dès lors, quoi d'étonnant si la femme mariée peut librement prévenir ce procès ? Et encore, la loi a voulu que l'harmonie dans le ménage ne fût pas troublée : cette reconnaissance ne pourra nuire au mari ni aux enfants issus du mariage (art. 337 Code civ.). Mais la naturalisation, elle, est un acte volontaire, qui est de nature à modifier l'état et la capacité de la femme et à réagir profondément sur les relations de droit existant entre elle et le mari ou les enfants. En cas de guerre, elle peut même amener la séparation forcée du mari et de la femme, de la mère et des enfants. Il est évident qu'un acte intéressant à un si haut degré la famille ne peut pas être passé à l'insu de celui-là qui en est le chef.

Il faut donc poser ce principe, que la femme mariée ne peut pas se faire naturaliser en pays étranger sans y être autorisée par son mari.

24. Mais alors se pose une question nouvelle. Cette autorisation, si le mari la refuse, pourra-t-elle être suppléée par l'autorisation de la justice ?

Quelques auteurs ont, en cette espèce, donné à l'autorisation maritale une base telle, qu'il en résulte que la permission, pour la femme, de se faire naturaliser serait au pouvoir exclusif du mari. On commence, en effet, par déclarer que la naturalisation en pays étranger doit être précédée d'une translation de domicile en ce pays. Puis on fait remarquer qu'aux termes de l'art. 108 du Code civil, la femme mariée n'a pas d'autre domicile que celui de son mari. Et de là on conclut que la femme ne peut se faire naturaliser en pays étranger que si son mari consent à transférer son propre domicile dans le pays dont elle se propose d'acquérir la nationalité. Sur le refus du mari, la justice n'a pas, dit-on, à intervenir; car l'autorisation qu'elle donnerait à la femme de se faire naturaliser aurait pour conséquence, soit de lui permettre un domicile distinct de celui du mari, ce qui serait contraire à la disposition impérative de la loi, soit d'obliger le mari lui-même à changer de domicile, ce qui est évidemment impossible (Comp. *Revue du notariat et de l'enregistrement*, avril 1876, p. 241 et suiv.).

Nous repoussons cette opinion. Elle prend pour point de départ une idée qui est une erreur matérielle. Il est inexact que partout la naturalisation soit subordonnée à l'acquisition préalable d'un domicile. C'est ainsi que, dans le journal *le Droit*, on trouve le récit d'une affaire, où deux personnes ont été naturalisées en Suisse, sans qu'elles aient pourtant quitté Paris (Comp. journ. *le Droit*, nᵒˢ des 16 à 21 janvier 1877). Il faut donc rattacher l'autorisation maritale, nécessaire en cette matière, à un autre principe, et décider qu'elle est de même nature que celle exigée en droit commun. Envisagée de cette manière, il n'est point douteux que, si le mari la refuse, elle puisse être donnée par la justice. L'art. 219 du Code civil dispose que, « si le mari refuse d'autoriser sa femme à passer un acte, la femme peut faire citer son mari devant le tribunal de première instance de l'arrondissement du domicile commun, qui peut donner ou refuser son autorisation...» De plus, le droit pour toute personne de choisir la nation dont elle veut être membre est trop intimement lié à la liberté individuelle, pour que son exercice par une femme soit laissé à la discrétion complète de son mari. Si celui-ci oppose un refus qui serait préjudiciable aux intérêts bien entendus de la famille, n'est-il pas raisonnable que la justice puisse infirmer cette décision ? S'il est désirable, en principe, que la femme conserve la nationalité de son mari, il peut aussi se présenter des circonstances où il importerait à la femme et aux enfants qu'elle pût en changer. Tel serait le cas où la femme, étrangère d'abord elle-même avant son mariage, ne pourrait pas recueillir autrement les successions qui s'ouvriraient dans sa famille (Comp. M. Demolombe, t. IV, nᵒ 111).

25. La nécessité de l'autorisation maritale ou judiciaire pour la naturalisation de la femme en pays étranger n'est guère contestée, quand le mariage est intact; mais elle fait surtout l'objet d'un vif débat, lorsque la séparation de corps a été prononcée. Cette discussion ardente a été provoquée par une affaire, dont le retentissement répandu dans le monde entier a longtemps passionné l'opinion publique. Madame la comtesse de Caraman-Chimay, Belge d'origine, mariée en France avec le prince de Bauffremont et devenue Française par ce mariage, avait, en 1874, obtenu, de la cour d'appel de Paris, un arrêt prononçant à son profit la séparation de corps. Moins d'une année après, elle allait

en Allemagne, dans l'Etat de Saxe-Altenbourg, où elle se faisait naturaliser, *sans être autorisée de son mari ou de la justice*. Puis, comme dans ce pays la séparation de corps, judiciairement prononcée entre époux catholiques, a tous les effets civils d'un divorce, elle se mariait un peu plus tard avec le prince George Bibesco. Pour arriver à faire prononcer la nullité de ce second mariage, on commença par soutenir que la naturalisation de la princesse, n'ayant pas été autorisée par son mari, M. de Bauffremont, ni par la justice, n'était point valable, du moins au regard de la loi française. Et si cette opinion a rencontré dans la doctrine de précieuses adhésions, il faut reconnaître aussi qu'elle fut combattue par de redoutables adversaires.

26. Parmi ceux-ci nous devons signaler tout d'abord M. le doyen Daniel de Folleville, qui, dans une brochure spécialement consacrée à la question (*De la naturalisation en pays étranger des femmes séparées de corps en France*, 1876, Paris), développa le premier ce principe, qu'une femme française, séparée de corps, peut se faire naturaliser librement et sans autorisation, soit de son mari, soit de la justice. Six arguments principaux sont invoqués à l'appui de cette thèse; nous allons les énumérer rapidement :

1° La tradition historique paraît favorable à cette manière de voir. Dans l'ancien droit, en cas de séparation de corps, l'époux innocent pouvait librement entrer dans la vie religieuse (Comp. M. Massol, *Séparation de corps*, 2ᵉ édit., p. 265, n° 7, note 2). Or la profession religieuse entraînait, et a toujours entraîné, jusqu'à la Révolution, la mort civile (Comp. MM. Aubry et Rau, t. I, § 80, p. 317, texte n° 1, notes 11 et 12). Donc, puisque l'époux séparé pouvait ainsi librement *aliéner* son état civil par l'émission de vœux monastiques, à plus forte raison doit-il aujourd'hui pouvoir le *modifier* par un changement de nationalité.

2° Le législateur a voulu, du reste, que les époux eussent une même patrie, parce qu'ils avaient une même habitation : l'identité de domicile et celle de nationalité sont liées l'une à l'autre par la relation de cause à effet. Mais la séparation de corps permet précisément à la femme d'avoir un domicile séparé : donc elle doit pouvoir aussi acquérir sa loi spéciale et son statut personnel particulier.

3° D'ailleurs, sur quelle base ferait-on reposer, en cette

espèce, la nécessité de l'autorisation maritale? Sur le lien de subordination personnelle que la loi établit entre la femme et son mari? Mais ce lien a été rompu par la séparation.

4° Les nécessités pratiques tendent à faire reconnaître à la femme séparée une initiative indépendante pour se faire naturaliser en pays étranger: lui imposer un concours de volonté de la part du mari serait créer souvent une fâcheuse entrave. La femme peut avoir un besoin impérieux d'acquérir la nationalité étrangère : alors il serait inique de l'abandonner à la merci d'un homme qui, on doit le présumer, n'aura guère pour elle que des sentiments de haine et d'animosité.

5° Au surplus, on doit regarder comme permis tout ce qu n'est pas défendu. Or, on ne trouve nulle part un texte spécial qui interdirait à une femme séparée le changement de nationalité sans l'autorisation de son mari ou de la justice. On met en avant les art. 215, 217 et suiv., et 1449 du Code civil. Mais ces textes ne régissent l'incapacité de la femme qu'en ce qui concerne les biens. Dans l'hypothèse qui nous occupe, il s'agit d'une question de statut personnel, d'une naturalisation : il n'existe entre ces deux ordres d'idées aucune analogie.

6° Enfin, l'opinon contraire aboutit à des conséquences injustes ou contradictoires. Ainsi le mari, alors même qu'il aurait donné lieu à la séparation, pourra, sans consulter son conjoint, se faire admettre au sein d'une nation étrangère : l'époux coupable jouira d'un avantage refusé à l'époux innocent ! Quelle injustice ! Et puis, la femme séparée peut, sans autorisation, fixer son domicile où bon lui semble. Supposez donc qu'elle aille l'établir dans un pays où le fait seul de cette installation emporterait attribution de nationalité. Dans ce cas, il faut bien reconnaître que la femme sera devenue étrangère à l'insu de son mari, ou même contre son gré. Eh bien, n'est-il pas contradictoire d'interdire à la femme séparée le changement direct de nationalité par voie de demande adressée au gouvernement étranger, quand on lui permet pourtant d'y arriver par une voie indirecte, à la suite d'un établissement en pays étranger ?

Tels sont les motifs qui ont été invoqués avec force par M. de Folleville : ils sont tout au moins spécieux, et ils ont obtenu l'assentiment de plusieurs jurisconsultes distingués : comparez M. Holzendorff, *Journ. de droit internat. privé,*

1876, p. 6 et suiv.; — M. Bluntschli, *Revue pratique*, 1876, t. XLI, p. 309 et suiv.; — *Revue du notariat et de l'enregistrement*, 1876, p. 241 et suiv.; De Mauro, *Questione di diritto internazionale privato*, Catania, 1876, p. 7 et 8. — M. Gabba (*Revue pratique*, 1876, t. XLII, p. 406) pense qu'une femme mariée, séparée ou non, ne peut jamais changer de nationalité. Mais il déclare ensuite que, dans l'hypothèse où ce changement serait reconnu possible, il serait plutôt d'avis de le permettre à la femme sans exiger aucune autorisation. — Il est juste d'ajouter aussi que depuis longtemps déjà, M. Blondeau avait enseigné que la femme séparée de corps peut se faire naturaliser en pays étranger sans y être autorisée de son mari ou de la justice. Mais ce savant auteur n'avait guère fait qu'affirmer le principe sans le développer (*Revue de droit franç. et étranger*, 1844, t. I, p. 645, et 1845, t. II, p. 133 et 150 à 152).

27. Quoi qu'il en soit des arguments présentés ci-dessus, nous ne les regardons pas comme probants, et nous préférons nous rallier au système contraire, proposé par l'éminent professeur de la Faculté de Paris, M. Labbé. Nous pensons donc qu'une naturalisation obtenue en pays étranger par une femme séparée de corps serait annulable au regard de la loi française si elle n'avait été autorisée par le mari ou par la justice (1).

1° Et tout d'abord, c'est inutilement, croyons-nous, que l'opinion opposée s'appuie sur la tradition historique. En effet, on ne démontre pas que, dans l'ancien droit, il fût permis à une femme séparée de corps d'acquérir librement une nationalité étrangère : on se contente seulement de rappeler que, la séparation d'habitation ayant eu lieu, l'époux pouvait, sans autorisation, aliéner son état civil par l'émission de vœux solennels. Mais, en admettant même que cette disposition fût exacte, on peut répondre qu'elle s'expliquait par la faveur due à l'époux innocent et à la profession religieuse. On pourrait encore faire observer que la subordination naissant du mariage devait être moins rigoureuse en matière de religion : la croyance,

______

(1) Nous avons soutenu, ailleurs, qu'une femme séparée, dont la nationalité était atteinte par un démembrement de territoire, pouvait librement *opter* sans aucune autorisation. Mais c'est que l'option se distingue de la naturalisation, en ce qu'elle constitue un acte essentiellement conservatoire et remédie aux conséquences d'événements qu'on ne pouvait empêcher (Cp. notre thèse pour le doctorat, sur la *Qualité de Français acquise ou perdue par suite d'une annexion au territoire ou de son démembrement*, p. 183).

la foi, et les vœux qu'elle fait émettre, n'étant pas, comme le choix d'une nationalité, l'œuvre d'une volonté raisonnée, se prêtent moins à l'influence d'une autorité et d'une direction.

Au reste, le principe même que l'on prétend tirer de la tradition historique est contestable. Pothier pose cette règle, qu'un époux ne peut jamais entrer dans la vie religieuse sans que son conjoint en fasse autant ; puis il signale ainsi une exception : « Il y a un cas auquel un homme marié pourrait n'avoir pas besoin du tout du consentement de sa femme pour être promu aux ordres sacrés, ni pour la profession religieuse : c'est celui auquel il l'aurait fait déclarer convaincue d'adultère, et condamner en conséquence à la réclusion, par un jugement qui aurait force de chose jugée » (*Traité du contrat de mariage*, VIᵉ partie, chap. II, nᵒ 474, p. 215, édit. Bugnet). La faculté, pour un époux séparé, d'aliéner librement son état civil en embrassant la vie religieuse, n'était donc reconnue que dans une hypothèse tout à fait exceptionnelle ; elle n'existait qu'en faveur du mari et seulement quand la séparation, ayant pour cause l'adultère, était intervenue à son profit. On ne peut étendre à la femme, à celle qui, en droit commun, est incapable, une disposition que la loi n'édictait, sous le bénéfice de tant de réserves, qu'au mari, c'est-à-dire à celui qui, en principe, est investi de l'autorité.

2º On dit qu'il existe une connexité étroite entre l'unité de nationalité et l'unité de domicile. Cette idée renferme une part de vérité. L'identité de nationalité a pour résultat d'éviter les froissements et les discordes, qui autrement pourraient s'élever entre époux habitant le même toit. Mais il est excessif de dire qu'il y a là une relation de cause à effet. Si l'on se plaçait à ce point de vue, on arriverait logiquement à admettre une conséquence, devant laquelle pourtant tout le monde recule. En effet, quand la loi n'y déroge pas expressément, il est de principe que l'effet soit régi par les mêmes règles que la cause. Or, tant que le mariage est intact, il est certain que le mari ne pourrait pas consentir à ce que la femme ait un domicile réel et légal en dehors du sien. Donc on devrait en conclure que l'autorisation maritale serait également impuissante, tant qu'il n'y aurait pas eu séparation, à permettre à la femme un changement de nationalité. Et pourtant, cette déduction n'a pas trouvé faveur auprès de la doctrine. — De même la loi consacre, en-

tre un mineur et son père ou tuteur, l'unité de domicile et l'u-
nité de nationalité. Mais, après l'émancipation, le mineur peut
librement changer de domicile ; et pourtant, personne n'admet
qu'il pourra, avant sa majorité, changer de patrie.

Il faut donc résoudre la question de nationalité par des motifs qui lui soient propres. L'unité de patrie entre conjoints n'a
d'autre base que l'autorité maritale. Le Code civil, dans son
art. 213, proclame que le mari doit protection à sa femme, la
femme obéissance à son mari. « La puissance du mari sur la
personne de sa femme, disait Pothier (*Traité de la puissance
du mari*, 1re partie, art. 1, n°s 1 et 3), consiste dans le droit
qu'a le mari d'exiger d'elle tous les devoirs de soumission qui
sont dus à un supérieur..... elle ne permet à la femme de rien
faire que dépendamment de lui. » Il est à remarquer que Pothier, en s'exprimant d'une façon aussi générale et aussi absolue, traite des pouvoirs du mari sur la personne de la femme.
Un principe aussi large devait nécessairement entraîner, comme
conséquence, l'impossibilité, pour la femme mariée, d'aliéner
sa nationalité à l'insu de son mari. Cette prohibition existait-
elle encore, quand la séparation d'habitation avait été prononcée ? Tout porte à le croire. Car, autant est compréhensive
la règle que pose Pothier, pour montrer toute l'ampleur de la
puissance maritale après la célébration du mariage, autant est
étroite et restreinte la mesure qu'il assigne aux effets de la séparation. « La séparation d'habitation, dit-il, est la décharge
qui, pour de justes causes, est accordée par le juge à l'un des
conjoints par mariage, de l'obligation d'habiter avec l'autre
conjoint, et de lui rendre le devoir conjugal, sans rompre néanmoins le lien de leur mariage. »

De nos jours, l'influence que l'autorité maritale exerce sur
la nationalité de la femme n'est pas plus douteuse. C'est afin
d'assurer la soumission due au mari que la femme mariée
integri status ne peut pas librement changer de patrie. On n'a
pas voulu que la femme pût, sans consulter son conjoint, se
procurer, sous la protection d'une loi étrangère, une indépen-
dance qui lui permettrait peut-être d'éluder l'autorisation maritale, même dans le cas où elle est expressément exigée par
notre droit.

Si la femme doit témoigner sa subordination envers son
mari, pour se faire naturaliser quand l'union est encore

intacte, pourquoi en serait-il autrement après la séparation? La séparation de corps se distingue profondément
du divorce. Elle laisse subsister le mariage. Or, l'autorité
maritale, seule source de l'incapacité de la femme en matière de naturalisation, repose sur le mariage : c'est avec
lui qu'elle commence, c'est seulement avec lui qu'elle doit
finir. Cette autorité se trouve sans doute restreinte après
le jugement de séparation. Mais à quel point de vue ? C'est
que la femme est libre désormais d'habiter où bon lui semble,
et le mari n'est plus tenu de la recevoir. En un mot, la vie
commune n'est plus obligatoire, et les droits et les devoirs résultant de la vie commune disparaissent également. Pour tout
le reste, l'autorité maritale se maintient et continue de s'affirmer. Ainsi le mari peut surveiller la conduite de sa femme, et
s'assurer si elle observe le devoir de fidélité. Il le peut, bien
que, de son côté, l'accomplissement de ce devoir soit dé-
pourvu de toute sanction. S'il tombe dans la misère, il peut réclamer des aliments à sa femme, et la plupart des auteurs déci-
dent qu'en cas de maladie, celle-ci devrait encore le soigner.
Quant aux biens, la femme séparée veut-elle passer un acte qui
dépasse les limites de l'administration? elle devra au préalable
solliciter l'autorisation de son mari. Veut-elle soutenir en justice un procès, soit qu'il concerne la gestion de son patrimoine,
soit qu'il regarde son état personnel ? elle devra encore consulter son conjoint. Dès lors, pourquoi pourrait-elle consommer
seule et sans contrôle un acte aussi important que l'abdication
de sa patrie?

3° On invoque les nécessités pratiques. La femme, dit-on,
choisira le plus souvent, pour y obtenir la naturalisation, le
pays où elle pourra augmenter sa fortune (qu'elle transmettra
à ses enfants), et où elle pourra obtenir le plus de considération. A quoi bon forcer cette femme à prendre l'avis d'un
homme qui, après sa séparation, n'aura pour elle qu'une inimi-
tié profonde, et lui opposera presque toujours un refus arbitraire et capricieux?

Certes, nous ne méconnaissons pas que, plus d'une fois, la
position de la femme séparée pourra paraître digne d'intérêt
et de sympathie. Mais cependant, à tort ou à raison, la loi ne
permet pas d'annihiler complètement, en sa faveur, l'autorité
maritale : la séparation ne dissout pas le mariage.

Du reste, le mari peut aussi avoir à mettre en avant des raisons qui méritent l'examen. Qui sait s'il n'espère pas un rapprochement et ne recherche pas une réconciliation? Or la naturalisation de la femme aurait sans doute lieu dans un pays qui, admettant le divorce, lui permettrait de convoler à un nouveau mariage. Dès lors, tout espoir en l'avenir serait perdu, toute réconciliation serait impossible. Ces rapprochements entre époux séparés sont, dit-on, bien rares dans la pratique. N'est-ce pas alors une raison de plus pour ne pas les raréfier davantage? D'ailleurs, quand même ils ne se produiraient jamais en fait, il n'en faudrait pas moins tenir compte de leur possibilité légale. En tout cas, ils sont désirables dans l'intérêt de la famille. De plus, ils sont dans le vœu de la loi : c'est en vue de la réconciliation éventuelle que le mari, après la séparation, peut encore surveiller la façon dont sa femme gère sa fortune, et l'empêcher de dilapider un patrimoine qui pourra redevenir commun. Enfin, en 1816, un des principaux arguments que l'on invoqua pour abolir le divorce fut qu'il ne convenait pas de rendre la séparation irrémédiable, et de laisser s'élever entre les époux une barrière à jamais infranchissable.

Dans tous les cas, il est des hypothèses où le mari, aux termes mêmes de la loi, a incontestablement le droit d'intervention : soit, par exemple, quand la femme séparée veut aliéner ses immeubles, soit quand elle veut plaider. Eh bien, avant de laisser la femme séparée étendre, au moyen d'une naturalisation, sa capacité légale, et dépouiller ainsi son mari de ce droit de contrôle qui lui appartient, n'est-ce pas le moins que celui-ci soit consulté ? — Son refus, objecte-t-on, est *à priori* certain, et il sera le plus souvent injustifiable. Mais la doctrine que nous adoptons ne soutient pas que rien ne puisse suppléer l'autorisation du mari. Pour la femme mariée *integri status*, nous avons dit que l'autorisation du mari pourrait être remplacée par celle de la justice. A plus forte raison, faut-il maintenir ce tempérament, quand la séparation de corps a été prononcée.

4° On insiste pourtant, et l'on dit : Tout ce qui n'est pas défendu est permis : or on ne trouve aucun texte interdisant la naturalisation à la femme, quand elle ne se sera pas pourvue de l'autorisation de son mari ou de la justice.

Ce raisonnement n'est pas concluant.

D'abord, on ne peut pas soutenir que l'incapacité de la femme mariée n'existe que dans les cas formellement prévus par la loi. Autrement, on arriverait à dire qu'une femme mariée *integri status* peut, soit se faire adopter, soit se faire naturaliser sans autorisation : ces hypothèses, en effet, n'ont pas fait l'objet d'une disposition expresse. Ce qui est exact, c'est que le Code pose la règle suivante : Quant à sa personne, la femme mariée est soumise, d'une façon générale, à l'autorité maritale; « Elle doit obéissance à son mari » (art. 213). De là notamment ces deux conséquences: l'une (formulée par la loi), que la femme n'aura pas d'autre domicile que celui de son mari, fût-ce même avec l'autorisation de ce dernier ; — l'autre (admise par la doctrine), que la femme ne pourra changer de nationalité qu'avec l'autorisation maritale ou celle de la justice. Si telle est l'étendue de l'autorité maritale, quelle est-elle après la séparation de corps ? Elle subsiste, en principe, tant que subsiste le mariage. Par conséquent, il faut, après la séparation, continuer à regarder la femme comme incapable, sauf dans les cas où, par exception, la loi en aurait décidé autrement. Or, quant à la subordination personnelle envers son mari, la femme séparée n'en est affranchie qu'au point de |vue du *domicile*. Et encore, cet affranchissement lui-même n'est écrit dans aucun texte, mais est proclamé seulement par la presque unanimité des auteurs, quelques jurisconsultes persistant néanmoins à penser que la femme séparée n'a droit qu'à une *résidence* spéciale et particulière (1). Qu'est-ce à dire, si ce n'est que pour tout le reste, et par suite pour la naturalisation en pays étranger, la femme, après la séparation, est encore soumise à l'autorité maritale? Tout ce qui n'est pas compris dans l'exception ne demeure-t-il pas dans la règle?

5° On fait remarquer les conséquences du système auquel nous nous rallions. Quelle inégalité de situation entre les deux époux! L'un, le mari, fût-il coupable, pourra, sans aucune autorisation, se faire naturaliser en pays étranger ; l'autre, la femme, fût-elle innocente, ne le pourra pas !

Cette inégalité est sans doute réelle, mais légale. Toutefois,

____

(1) Comp. Merlin, *Répert.*, v° *Domicile*, § 5, n° 1 ; Zachariæ, § 143, texte et note 4).

il est bon d'ajouter que les tribunaux, dans leur sagesse, pourront en tempérer la rigueur ; ils accorderont l'autorisation dans les circonstances vraiment favorables, là où le mari n'a aucun motif raisonnable pour la refuser.

Dans tous les cas, il n'est pas au pouvoir des interprètes de repousser une solution légale, en considération des conséquences qu'elle engendre. Peut-être, pour établir une justice parfaite, faudrait-il exiger aussi le consentement de la femme pour la naturalisation du mari. Mais la loi est autrement faite, et il faut s'incliner devant elle. D'ailleurs, cette inégalité que l'on signale existe aussi quand le mariage est intact. Et pourtant, personne ne s'en prévaut pour décider que la femme mariée *integri status* peut se faire naturaliser à l'étranger sans aucune autorisation.

6° Enfin on a fait observer que la femme séparée, pouvant établir son domicile où bon lui semble, pourrait, par suite, obtenir librement la naturalisation dans un pays où l'installation de domicile est attributive de nationalité.

La contradiction que l'on prétend résulter de là n'est pas sérieuse. De deux choses l'une : — ou bien la femme séparée, en s'établissant dans ce pays, n'a pas eu l'intention d'en acquérir la nationalité : dans ce cas, en France, elle n'en continuera pas moins à être regardée comme Française, car le changement de nationalité n'est efficace au regard de notre droit que s'il est volontaire ; — ou bien la femme a voulu acquérir la nationalité dans le lieu où elle s'établissait : alors rien n'empêche de décider qu'elle ne sera, en France, tenue pour dénationalisée que si elle a été autorisée de son mari. — On objecterait en vain que, dans cette espèce, l'autorisation du mari serait inutile, parce qu'il est impossible de neutraliser la puissance du fait accompli. Le fait seul d'une installation en pays étranger ne peut jamais être considéré en France comme attributif de la nationalité de ce pays. Il faut qu'à ce fait se joigne la *volonté* de changer de patrie : ce qui laisse place, par conséquent, à l'exercice de l'autorité maritale.

C'est plutôt d'ailleurs dans le système que nous combattons que l'on peut relever des contradictions. Ainsi, on permet à une femme séparée d'aliéner seule sa nationalité, alors que pourtant elle ne pourrait aliéner la moindre parcelle de terre. Ce n'est pas tout : une femme séparée de corps ne pourrait, sans autorisation, être adoptée : du moins personne n'a encore soutenu l'opinion contraire. Et pourtant l'adoption ne fait pas sortir l'adopté de sa famille, et laisse intacte sa capacité. Dès lors, ne serait-il pas illogique que cette même femme pût librement être adoptée par un Etat étranger, alors que cette adoption, bien plus large que celle de notre droit civil, détruirait ses rapports avec l'Etat dont jusque-là elle relevait, porterait atteinte à son état social, et modifierait entièrement sa capacité ? Enfin, il est certain qu'une femme séparée ne peut jamais, seule et sans autorisation, ester en justice. Par exemple, elle ne peut pas, sans l'assistance de son mari, faire statuer sur sa nationalité par un tribunal français, quelles que soient les garanties que présente cette juridiction. L'analogie n'exige-t-elle pas que cette femme ne puisse également, sans autorisation, faire décider par un gouvernement étranger quelle sera désormais sa nationalité ?

28. Toutes ces raisons ont été adoptées par la jurisprudence française. A la date du 10 mars 1876, le tribunal de la Seine rendait un jugement aux termes duquel, dans l'espèce, la princesse de Bauffremont, et en général toute femme française séparée de corps, ne pouvait, sans l'autorisation de son mari ou de la justice, acquérir à l'étranger une naturalisation valable au regard de la loi française. Par arrêt rendu en audience solennelle, le 17 juillet 1876, la cour de Paris a confirmé ce jugement. Quant à la Cour de cassation, elle rendit le 18 mars 1878 un arrêt consacrant le même résultat, mais motivé d'une façon différente. Elle décida, en effet, que la naturalisation, eût-elle même été autorisée par le mari, aurait encore été inopérante en France, comme faite en *fraude* de la loi française. On sait ce que nous pensons de cette dernière raison (Comp. D. P. 1878, 2ᵉ partie, p. 4-6, et 1ʳᵉ partie, p. 202).

Dans la doctrine, l'argumentation que nous venons de présenter a en sa faveur l'imposante autorité de MM. Labbé et Demolombe (Comp. *Journ. de droit internat. privé*, 1875, p. 409 et suiv., et 1877, p. 5 et suiv.; — M. Demolombe, *Cours de Code civil*, t. IV, p. 111 *in fine*. Voy. aussi les nombreux jurisconsultes étrangers auxquels renvoie la note savante publiée par M. Cazalens sur l'arrêt du 17 juillet 1876, D. P. 1878, 2, 1).

29. Tel est l'état de la question en France. On put se demander un instant si la magistrature belge, saisie à son tour

de la difficulté, n'allait point consacrer une solution diamétralement opposée. On sait, en effet, que la jurisprudence française, en conséquence des solutions que nous avons indiquées, avait décidé que la princesse de Bauffremont remettrait à son mari la garde de ses enfants. Cette obligation, sanctionnée par des dommages-intérêts énormes, ne fut point exécutée. Aussi le prince de Bauffremont voulut-il assurer le paiement de l'indemnité qui lui était due en saisissant, à son profit, la partie du patrimoine de la princesse située en Belgique. Sa prétention rencontra une vive résistance, et l'intervention du prince Bibesco fit tout remettre en question.

30. Le premier mot de la jurisprudence belge fut un démenti formel à l'adresse de la jurisprudence française. En effet, à la date du 3 janvier 1880, le tribunal de Charleroi rendait un jugement refusant l'*exequatur* aux arrêts français, et dans lequel il énonçait nettement ce principe que, si l'autorité étrangère n'avait point exigé, pour dépouiller une femme française de sa nationalité, le consentement de son mari, c'est qu'elle avait jugé que cette formalité n'était pas nécessaire et qu'en tout cas le pouvoir judiciaire en France n'avait pas qualité pour contrôler cette procédure. Puis, un peu plus loin, le tribunal n'hésitait pas à affirmer qu'à la séparation de corps prononcée en France doit être attaché, en ce qui concerne les rapports des époux, un effet identique à celui du divorce, puisqu'elle aussi produit la cessation complète de la vie commune (Comp. M. de Folleville, *Traité de la naturalisation*, n° 421).

31. Une telle théorie ne devait pas constituer la jurisprudence définitive de nos voisins. A la date du 5 août 1880, la deuxième chambre de la cour d'appel de Bruxelles rendait un arrêt, encore inédit, émendant la décision des premiers juges, et rétablissant sur sa véritable base le principe qui régit en France la capacité de la femme séparée.

La Cour s'exprime ainsi :

« Sur l'intervention du prince Bibesco, en sa prétendue qualité d'époux de la comtesse Valentine de Caraman-Chimay ;

Attendu que, le 17 avril 1861, ladite comtesse de Caraman-Chimay, née de parents belges, a épousé à Chimay (Belgique) l'appelant Paul-Antoine-Charles prince de Bauffremont, Français d'origine ; Qu'aux termes de l'art. 12 du Code civil, en vigueur en France comme en Belgique, l'étrangère qui épouse un Français suit la condition de son mari ; que la comtesse de Caraman-Chimay, par son mariage et par l'effet seul de la loi, est devenue Française et comme telle soumise aux lois de sa patrie nouvelle ;

Attendu que la loi française consacre l'indissolubilité du mariage ;

Attendu qu'un arrêt de la cour de Paris, en date du 1er août 1872, a prononcé la séparation de corps du prince et de la princesse de Bauffremont, mais que cette séparation de corps, en affranchissant la princesse de Bauffremont des devoirs de la cohabitation, et en lui restituant la libre administration de ses biens, la laisse engagée dans les liens du mariage et la maintient sous l'autorité maritale pour tous les actes qui n'en sont point exceptés ; Que la comtesse de Caraman-Chimay se trouve, par suite, dans l'impossibilité de contracter un second mariage du vivant du prince de Bauffremont, dont elle reste la femme légitime nonobstant leur séparation de corps ;

Attendu que pour échapper à cette conséquence, basée sur des dispositions d'ordre public, la princesse de Bauffremont soutient que : séparée de corps et de biens, elle a perdu la nationalité française par sa naturalisation en date du 3 mai 1875 dans le duché de Saxe-Altenbourg ; Que les lois allemandes assimilant au divorce la séparation de corps, elle a pu contracter un second mariage à Berlin avec le prince Bibesco ;

Attendu que, pour être fondée, cette thèse suppose que la comtesse de Caraman-Chimay a pu valablement et utilement se faire naturaliser Allemande sans le concours ou l'autorisation de son mari le prince de Bauffremont ;

Attendu, à cet égard, qu'en s'établissant dans le duché de Saxe-Altenbourg, la princesse de Bauffremont demeurait, suivant l'art. 3 du Code civil, sous l'empire des lois concernant son état et sa capacité ; que, femme séparée de corps en France, elle restait en Allemagne séparée de corps du prince de Bauffremont ;

Que pour traiter de sa naturalisation dans le duché de Saxe-Altenbourg, elle devait être capable de renoncer à la nationalité française que lui avait imposée le mariage ;

Attendu que cette prétendue capacité est inconciliable, en France comme en Belgique, avec les principes essentiels d'ordre public qui régissent l'institution du mariage ;

Que ces principes consacrent la prééminence de l'époux sur l'épouse, obligent la femme à l'obéissance et la soumettent à l'autorité maritale, autorité restreinte il est vrai sous le régime de la séparation de corps, mais dont la mort seule du mari peut dégager la femme ; la loi leur ayant interdit à tous deux de pouvoir déroger aux droits résultant de la puissance maritale (art. 1388 C. civ.) ;

Qu'une femme séparée de corps, Française ou Belge, ne peut donc à son gré par le fait seul d'une naturalisation acquise à l'étranger, à l'insu et sans l'autorisation de son mari, se soustraire à la loi qui règle son état et sa capacité, briser malgré leur indissolubilité les liens qui l'attachent à son mari, contracter, lui vivant, une union nouvelle et devenir princesse Bibesco en Allemagne en restant princesse de Bauffremont en France ;

Attendu que la naturalisation constitue un *contrat* (1) entre l'étranger qui la sollicite et l'État qui l'accorde ; que la capacité des contractants est un élément essentiel à la validité de tout contrat ; qu'en accordant la naturalisation à la princesse de Bauffremont, dont la condition était notoire, le gouvernement du duché de Saxe-Altenbourg traitait avec une personne incapable de s'engager envers lui ; que si, usant de son droit souverain, ce gouvernement a cru néanmoins pouvoir lui octroyer la naturalisation, cet acte ne peut évidemment avoir effet en dehors du territoire de Saxe-Altenbourg ; que dans le conflit soulevé entre le statut personnel allemand et le statut personnel français, celui-ci doit nécessairement l'emporter comme se rattachant à des droits antérieurement acquis ; et qu'on ne

---

(1) La question de savoir si la naturalisation est un *contrat* proprement dit est discutée dans la doctrine.

Notamment M. Laurent. l'éminent jurisconsulte belge, combat l'opinion consacrée dans le présent arrêt de la cour de Bruxelles. « Non, dit-il, il n'y a pas de contrat, il y a un droit politique que la loi confère sous certaines conditions » (*Principes de droit civil*, t. I, n° 172).

M. Dalloz (*Répert.*, v° *Loi*, n° 210) expose, au contraire, que l'étranger naturalisé a contracté expressément avec le pays qui l'a adopté.

Mais cette controverse n'a pas d'importance au point de vue de la difficulté actuelle. Qu'importe, en effet, que la naturalisation soit ou ne soit pas un véritable contrat. Il est certain qu'en principe, et sauf les cas exceptionnels où elle s'opère par le *bienfait de la loi*, elle a pour base un concours de volontés, comme ce qui a lieu dans les contrats. Il faut que la demande de l'étranger soit acceptée par l'État naturalisant. Dès lors il est logique d'exiger, par analogie, que le demandeur en naturalisation soit, juridiquement, *capable* de consentir et de vouloir.

saurait admettre que, sous prétexte du respect dû aux actes d'une souveraineté étrangère, l'intimée pût réclamer en France les effets d'une naturalisation allemande, concédée au mépris et en violation des lois d'ordre public réglant en France son état et sa capacité;

Attendu que tous les principes énoncés ci-dessus trouvent leur justification dans la législation belge aussi bien que dans la législation française ; que si en Belgique le divorce légalement prononcé dissout le mariage, cette différence entre les deux législations est sans portée dans la cause, aucun divorce n'ayant été et ne pouvant être prononcé entre le prince et la princesse de Bauffremont ;

Attendu d'ailleurs que la nullité de ce prétendu second mariage a été consacrée en France par un jugement du tribunal civil de la Seine en date du 10 mars 1876, confirmé le 17 suivant par arrêt de la cour de Paris ; que ces décisions rendues par la juridiction seule compétente pour régler l'état et la capacité de la princesse de Bauffremont, s'imposent en Belgique, ne peuvent y être l'objet d'aucune révision, et doivent, en vertu des principes consacrés par l'art. 3 du Code civil, y être acceptées comme l'expression de la chose définitivement jugée ;

Qu'il suit de ces considérations que c'est à tort que le premier juge a déclaré que la princesse de Bauffremont a pu valablement se remarier à Berlin, et que la demande d'intervention du prince Bibesco était recevable. (1). »

. . . .

Comme on le voit, la cour d'appel de Bruxelles tient pour inopérante au regard de la loi française la naturalisation d'une femme séparée de corps en France et non autorisée par son mari. Il n'est pas inutile d'observer qu'à l'appui de cette décision importante, on ne rencontre point, comme dans les décisions françaises, l'argument tiré de la *fraus legis* (Comp. *suprà*, n⁰ˢ 6-9).

32. Maintenant que nous connaissons quelle est la capacité requise par notre loi pour changer de patrie, il reste à savoir

____

(1) Les autres dispositions de l'arrêt sauvegardent les intérêts pécuniaires de la princesse. Elles s'appuient sur des motifs étrangers au sujet que nous traitons ici.

quelles seront les autorités compétentes pour examiner si un Français avait la capacité légale de perdre sa nationalité en acquérant celle d'un pays étranger.

33. Un premier système a soutenu que les autorités compétentes en cette matière étaient celles du pays qui avait concédé la nouvelle nationalité. On dit que décider autrement serait porter atteinte à la souveraineté interne de l'Etat naturalisant. Celui-ci, en voyant la France réintégrer de vive force dans son sein celui qui s'en serait volontairement retranché, aurait certainement le droit de réclamer. De là un conflit regrettable, d'un accommodement difficile et qui, à défaut de conciliation par voie diplomatique, ne se terminerait que par la guerre.

En outre, on reconnaît bien qu'en principe, l'Etat qui accorde la naturalisation a seul le droit d'établir les conditions sous lesquelles il concède sa nationalité, et de décider si ces considérations ont été remplies ; qu'à l'inverse, l'Etat auquel appartenait auparavant la personne naturalisée a aussi seul le droit de fixer les conditions entraînant la perte de la nationalité et de statuer sur leur accomplissement. Mais on prétend que l'art. 17, n° 1, de notre Code civil a dérogé à cette règle de droit international. En effet, dit-on, aux termes de cette disposition, « la qualité de Français se perdra par la naturalisation acquise en pays étranger. » Qu'est-ce à dire, si ce n'est que la loi française a voulu se désintéresser de l'examen relatif à la perte de la qualité de Français?

Enfin, c'est en vain, ajoute-t-on, que l'on essaierait de distinguer entre les effets que produirait en France la naturalisation, et ceux qu'elle produirait en pays étranger, car l'état des personnes est indivisible (Comp. M. de Folleville, *Traité de la naturalisation*, n°s 423 et suiv.; Bluntschli, *op. cit.*, p. 307 et 308).

34. Nous n'adoptons pas, pour notre part, cette opinion, et nous pensons que, quand un Français se prévaut d'un acte de naturalisation, même régulier en la forme, obtenu par lui en pays étranger, les tribunaux français ont le droit, avant de lui attacher quelque efficacité, de voir si celui qui l'invoque était capable, suivant notre loi, d'aliéner sa nationalité.

Et d'abord, qu'on ne dise pas que cette solution porte atteinte à la souveraineté interne du gouvernement étranger. Tout ce qu'exige ce principe de souveraineté, c'est que l'Etat naturalisant soit libre de décider si tel individu a rempli les conditions voulues pour être regardé par cet Etat comme en ayant acquis la nationalité. Or, la doctrine à laquelle nous nous ralliions ne prétend pas consacrer, au profit de la France, le droit de déclarer si l'Etat étranger a valablement concédé à un individu sa nationalité, mais simplement celui d'examiner si cet individu a perdu la qualité de Français. Il ne s'agit pas de faire rentrer de vive force au sein de la nation française une personne qui en serait volontairement sortie ; mais il s'agit de savoir si précisément cette personne en est jamais sortie. C'est, au contraire, la doctrine opposée qui porterait atteinte à la souveraineté française. Car il est un principe reconnu par le droit des gens, et justifié par le mutuel respect que se doivent entre elles les nations, en vertu duquel chaque Etat a le droit de déterminer les conditions sous lesquelles ses nationaux peuvent rompre leurs liens de sujétion.

On objecte qu'avec notre opinion, il sera possible d'avoir deux patries. Or, ajoute-t-on, l'art. 17, al. 1, a voulu mettre obstacle à un pareil résultat, en décidant que le fait même d'acquérir une nationalité étrangère ferait perdre nécessairement la nationalité française. — Nous répondrons qu'on ne peut, sans exagération, donner un tel sens à l'art. 17, al. 1. S'il en était ainsi, notre législation aurait donc abdiqué, au profit des nations étrangères, le droit qui appartient à tout Etat de régler la perte de la nationalité. On conçoit qu'on ne pourrait admettre cette interprétation qu'à défaut de toute autre : *nemo præsumitur juri suo renuntiare.* Du reste, un législateur soucieux de sa dignité ne consent pas de ces abdications.

Mais heureusement on peut donner à l'art. 17, n° 1, une autre signification. En disant que la qualité de Français se perd par la naturalisation à l'étranger, notre Code a surtout voulu repousser le principe de l'allégeance perpétuelle, et proclamer celui de la liberté d'expatriation. Si la France eût constamment retenu sous sa puissance ceux-là mêmes qui l'auraient quittée et seraient devenus membres d'une autre nation, elle aurait multiplié les situations anormales d'hommes soumis à deux souverains. Ce n'était pas possible. Un Français peut donc rejeter sa nationalité pour en prendre une autre. Mais encore faut-il, pour qu'il puisse prendre une résolution aussi grave, qu'il en soit jugé capable. Or, la capacité d'une personne est fixée par sa loi nationale. Celui qui veut changer de patrie appartient à son pays d'origine jusqu'au moment précis où il met sa volonté à exécution. De là il suit que, quand un Français prétend avoir obtenu la naturalisation en pays étranger, il est une question qui s'impose : c'est celle de savoir si, d'après la loi française, cet individu avait la capacité de disposer de sa personne en ce qui concerne la nationalité.

Faire dépendre la perte de la nationalité française de la validité que le pays étranger attacherait à la naturalisation, serait en réalité permettre à un législateur étranger de faire la loi en France. Un tel résultat serait, sans aucun doute, contraire aux intentions qu'ont témoignées en un autre endroit les rédacteurs de notre Code. On sait, en effet, que l'art. 11 a soumis la condition des étrangers en France au principe de la réciprocité diplomatique. Ainsi une loi étrangère vient-elle à concéder sur son territoire aux Français la jouissance de certains droits civils, cela ne suffit pas pour que les sujets de cette loi étrangère jouissent en France des mêmes droits : il faut que cette concession de droits résulte d'un traité conclu entre la France et l'État étranger ; autrement, un législateur étranger aurait pu librement imposer en France ses volontés.

Enfin, le système que nous combattons allègue qu'un même individu ne peut continuer à être traité en France comme Français, tandis qu'un pays voisin le considérerait comme un de ses nationaux, parce que l'état des personnes est indivisible. — Mais cette indivisibilité de condition n'est pas si essentielle. Elle doit être entendue en ce sens qu'un individu ne doit pas, aux yeux d'un même pays, avoir deux nationalités ; elle ne s'oppose pas à ce que deux pays différents réclament un même homme comme leur sujet. Ainsi, par exemple, un enfant vient à naître de parents français en Angleterre : il est Français suivant notre Code, mais Anglais d'après la législation britannique. Cette situation est, sans doute, regrettable ; mais elle découle nécessairement de la diversité qui caractérise les législations des différents pays.

D'ailleurs la doctrine que nous adoptons a été constamment suivie dans la jurisprudence. Voyez Chambéry, 29 avril 1873. J. P. 73, p. 462 ; — Cass., 19 août 1874. J. P. 75, p. 118 ; — Lyon, 19 mars 1875. Dev. 76, 2, 21.

35. En résumé, on peut dire que de toute naturalisation ac-

quise par un Français en pays étranger découlent deux effets différents : — l'un consiste dans la collation de la qualité de national et la question de sa validité ne concerne que les autorités de l'Etat naturalisant ; — l'autre consiste dans la perte de la nationalité française. Ce second effet ne découle pas de la loi étrangère, mais de la loi française : dès lors, nos tribunaux sont compétents pour en juger ; ce sont eux, du reste, qui sont le mieux en situation de décider si la capacité requise par notre loi existait chez celui qui a voulu changer de patrie (Comp. M. Labbé, *Journ. de droit international privé*, 1877, p. 6 à 13).

Paris. — Imprimerie de Charles Noblet, 13, rue Cujas — 1880.

PARIS. — IMPRIMERIE DE CH. NOBLET

13, rue Cujas, 13